Mavie

Mavie

Mavie Noelle ist eine der erfolgreichsten Youtuberinnen. Sie begann mit Frisurentutorials, die sie aus Spaß ins Netz stellte. Die Videos wurden über Nacht zum Hit. Seitdem dreht Mavie regelmäßig Beiträge zu den Themen Schule, Freunde, Hobbys und Sport. Ihre Videos werden millionenfach geklickt.

Seit 2015 schreibt **Daniela Hartig** mit großer Leidenschaft Jugend- und New-Adult-Romane, sowohl als erfolgreiche Indie-Autorin als auch unter dem Pseudonym Harper Drake. Die Schriftstellerei ist ihr Traumberuf, sie begeistert ihre Leser mit dramatischen und gefühlvollen Geschichten. Daniela Hartig lebt mit ihrem Mann, ihren drei Kindern und einem Hund in Bayern.

Josephine Pauluth ist seit dem Abschluss der Fachoberschule für Gestaltung sowie der Ausbildung zur Mediengestalterin für Digital- und Printmedien als Grafikerin tätig. Im September 2017 schloss sie ein Studium an der Akademie für Illustration und Design in Berlin erfolgreich ab und arbeitet seitdem auch als freiberufliche Illustratorin für verschiedene Kinder- und Jugendbuchprojekte. Sie kombiniert am liebsten analoge und digitale Techniken, um ihren Illustrationen ein Gesicht zu verleihen.

MAVIE NOELLE

DEIN SURVIVAL GUIDE FÜR DIE FERIEN

you & ivi

Bücher für coole Mädchen:
www.piper.de/youandivi

Neue Bücher, exklusive Zusatz-inhalte und tolle Gewinnspiele:
www.piper.de/newsletter

Originalausgabe
ISBN 978-3-492-70567-7

Umschlaggestaltung: zero-media.net, München
Umschlagabbildungen: privat und FinePic®, München
Text: Daniela Hartig unter Mitarbeit von Mavie Noelle
Illustrationen und Gestaltung: Josephine Pauluth
Druck und Bindung: Livonia Print, Riga
Printed in the EU

Dieses Buch gehört ab heute:

Name: ______________________ Alter: ________

Meine Lieblingseissorte ist: ____________________

Das ziehe ich im Sommer am liebsten an:

____

Das mache ich in den Ferien am liebsten:

____

____

Mein schönster Urlaub war: ____________________

Meine liebste Reisezeit ist: ____________________

Dieses Land möchte ich
gerne besuchen: ________________________

Das darf auf keiner Reise fehlen:

____

____

HALLO,
HALLIHALLO,
ICH BIN'S WIEDE
EURE MAVIE!

Cool, dass ihr euch für meinen Ferien-Survival-Guide entschieden habt! Hier findet ihr supercoole Tipps und Ideen, wie ihr eure einzelnen Ferien gestalten könnt, ohne dass euch langweilig wird.

Und weil es so Spaß macht, total viele Mitmach-Seiten zum ausfüllen, basteln, ausprobieren.

Ich hoffe, ich kann euch die Ferien versüßen und wünsche euch ganz viel Spaß mit meinem Ferien-Survival-Guide!

EURE MAVIE

1-2-3 TEST, TEST ;-)

Welcher Ferientyp bist du eigentlich?

Bevor wir loslegen, wäre es doch toll zu wissen, was dir persönlich besonders gefällt. **Welche Dinge machen dir mehr Spaß und welche weniger?** So kannst du dich auf den nächsten Seiten noch besser selbst finden und dir genau die Sachen raussuchen, die perfekt auf dich abgestimmt sind.

Zum Beispiel: Stehst du auf Action oder bist du eher der Genießer? Fährst du lieber in die Berge oder ans Meer? Flugzeug oder Auto, Zug oder Fahrrad?

LOS GEHT'S! ;-)

WENN DU DIE WAHL HAST:

Heidi und ihr Großvater oder Takkatukkaland mit Pipi Langstrumpf

Handstand lernen oder mit einem guten Buch auf die Couch

Fruchtiger Cocktail mit buntem Schirmchen oder Käsespätzle und Apfelstrudel

Hängematte und Zitronenlimonade oder Schnitzeljagd mit Freunden

Schnorchel und Taucherbrille

oder

Wanderboots und Vesperpaket

Schneeballschlacht

oder

Kaminfeuer

Hilfe … das sind ja Kühe!

oder

Igitt … Sand zwischen den Zehen!

OMG! Ich und eine Fahrradtour?

oder

WAS? Schon wieder auf einen Liegestuhl?

Eine Outdoor-Lounge? Die ist mir!

oder

Gibt es die Inliner auch in meiner Größe?

Skirampe

oder

Wasserrutsche

Surfen lernen wollte ich auch schon immer mal!

oder

Sonnenschirm, leichte Brise, sanftes Wellenrauschen … ich mach dann mal die Augen zu.

Freizeitpark

oder

freie Zeit mit einer Decke im Park

ERGEBNISSE:

Du hast dich überwiegend für **violett** entschieden?

Dann bist du ganz eindeutig der gemütliche Ferientyp.
Im Sommer und im Winter findet man dich eher in entspannten Positionen, z.B. liegend auf einer Picknickdecke oder im Sand, dem Meeresrauschen lauschend. Zu viel Aktivität ist nichts für dich, du holst dir deine Kraft aus der Ruhe.

Du hast dich überwiegend für **pink** entschieden?

Dann bist du ganz klar der Action-Typ!
Dir kann es gar nicht verrückt genug sein. Ob Inline-, Ski- oder Schlittenfahren – du bist bei allem dabei! Dein Tag ist gefüllt mit Bewegung und wenn du zu lange stillsitzt, kriegst du einen Koller. Tennis, Beachball, Schneeballschlacht, Schnitzeljagd. Wer das plant, sollte dich anrufen.

Du hast überwiegend die **blaue** Farbe gewählt?

Strand, Wellen, Palmen, Kokosnüsse. Diese vier Wörter sind Musik in deinen Ohren. Nichts geht für dich über das Feeling von Flip-Flops an den Füßen, Salz in den Haaren und Sandkörnern auf deiner Haut. Der Beach ist dein Zuhause, wenn es um die Urlaubsplanung geht.

Du siehst eigentlich nur **grün**?

Mit dem Meer und dem Strand kann man dich nicht locken. Du bist ganz klar für die majestätischen Berge, satte Wiesen, deftiges Hüttenessen und eine coole Wandertour.

Ein kühler Bergsee ist dein absoluter Traum, eine pudrige Schneeschicht oder Skipiste deine liebste Kulisse. Jodolieho, sag ich da nur! ;-)

(NACHT-) EULE & (MORGEN-) LERCHE

Schon mal was von Eule und Lerche gehört?
Ja, das sind zwei süße Tiere, aber auch zwei Beschreibungen für unterschiedliche Menschentypen.

Hier ein paar Kurz-Infos, die dir zeigen, zu welcher Gruppe du gehörst:

Lerche:

Du liebst das Gezwitscher der Vögel früh am Morgen. Du bist die Erste beim Bäcker, besorgst frische Brötchen und Leckereien, kaum dass sie aus dem Ofen raus sind. Mit dir verabredet man sich für morgendliche Joggingrunden, einen Sonnenaufgang in den schönsten Farben oder für die ersten Fußstapfen im nächtlich gefallenen Schnee. Abends gehst du lieber früher schlafen, als ewig auf einer Party zu tanzen.

Eule:

Wenn die ersten Sonnenstrahlen in dein Zimmer fallen, drehst du dich nochmal gemütlich auf die Seite und kuschelst dich in deine Kissen. Frühes Aufstehen ist für dich eine Qual, dafür kann man aber mit dir bis spät in die Nacht am Lagerfeuer sitzen oder einen Serien-Marathon planen. Du tanzt auf Partys so lange, bis dich einer höflich auffordert, endlich nach Hause zu gehen. Und wer des Abends mit dir ins Kino will, hat gute Karten. Musst du doch mal früh aufstehen, macht dir das schon am Tag vorher Bauchschmerzen.

Wenn ihr euch in einem der beiden süßen Tiere wiederfindet, dann versucht, in den Ferien nach eurem Typ zu handeln. Wenn es eure Eltern erlauben, geht zum Beispiel die **Eule** besser später ins Bett und schlaft dafür länger.

Die **Lerche** hingegen sollte man nicht zwingen, lange zu schlafen oder ewig aufzubleiben. Das kostet sie viel Kraft.

Wenn ihr euch nach eurem natürlichen Biorhythmus richtet, ist das total gesund und gibt euch Power für den ganzen Tag. Versucht es mal, es ist wirklich spannend. Klar könnt ihr euch darüber auch noch mal detailliert im Internet informieren. Jetzt aber genug getestet, los geht's mit dem **Ferien-Guide**!

MAVIES

KOFFERPACK-ROUTINE

**Ihr fahrt in den Ski-Sommer-Oster-Urlaub?
Und ihr müsst noch den Koffer packen?**

Ich mache das am liebsten schon eine Woche vorher, damit ich sicher bin, dass ich alles dabeihabe, haha. ;-)

Hier meine Kofferpack-Routine, wie es schnell und einfach geht!

Koffer entstauben! Ich habe einen Trolley, den kann man schön ziehen. Schleppen ist nicht so mein Ding. ;-)

Packing Cubes! Die kann man überall bestellen. Das sind kleine Säckchen mit Reißverschluss in unterschiedlichen Größen. Da könnt ihr eure einzelnen Kleidungsstücke super gut sortieren und müsst im Koffer nicht lange wühlen. Alles bleibt ordentlich.

Häufchen machen (grins)! Sortiert eure Kleidung: Shirts, Pullover, Shorts, Hosen, Socken, Unterwäsche, alles, was ihr mitnehmen wollt.

Einpacken und einrollen! Packt die einzelnen Kleiderhäufchen in die Packing-Cubes. Wenn ihr Platz sparen wollt, könnt ihr dünne Klamotten, wie Shirts oder Sommerkleider, einfach rollen. Das ist auch super gegen Knickfalten.

Reisegrößen für eure Kosmetik! Es gibt fast alles in kleinen Packungen zu kaufen. Shampoo, Duschgel, Bodylotion, Deo. Dann habt ihr nur so viel dabei, wie ihr auch verbraucht und im Koffer spart es erneut Platz. Falls ihr fliegt, packt die Sachen in kleine Gefrierbeutel. Durch den Luftdruck kann es passieren, dass etwas ausläuft. So bleibt euer Kosmetiktäschchen vor Unfällen geschützt!

Schmuck! Besorgt euch in der Apotheke oder aus dem Internet ein Pillendöschen. Das ist echt genial für Ohrringe und Ringe. So geht nichts verloren oder kaputt.

Strohhalme! Ja, ihr habt richtig gelesen. Ein Strohhalm ist ein richtig guter **Kettenaufbewahrer**. Fädelt die Kette durch den Strohhalm und sie kann auf dem langen Reiseweg nicht verknoten! Spitzentrick!

Das war's auch schon! Jetzt kann ich euch nur noch eine gute Reise und einen fantastischen Urlaub wünschen!

EGAL, WELCHE FERIEN, DIESE PACKLISTE PASST IMMER!

Hier noch mein ganz persönliches Kofferpack-Video:

KLEIDUNG:

- ♡ Hosen
- ♡ Röcke / Kleider
- ♡ T-Shirts
- ♡ Socken
- ♡ Unterwäsche

Outdoor Sommer:

- ♡ Bikini
- ♡ Taucherbrille
- ♡ Badelatschen

Outdoor Winter:

- ♡ Ski- oder Schneekleidung
- ♡ Handschuhe
- ♡ Mütze
- ♡ Schal

ACCESSOIRES:

- ♡ Schmuck
- ♡ Sonnenbrille

KOSMETIK:

- ♡ Duschgel / Shampoo
- ♡ Haarbürste
- ♡ Haargummis
- ♡ Wattestäbchen / Wattepads
- ♡ Sonnencreme, sowohl für Winter- als auch Sommerurlaub
- ♡ Parfum / Deodorant
- ♡ Lippenpflege
- ♡ Handcreme

SONSTIGES / HANDGEPÄCK:

- ♡ Handy / Ladekabel / Powerbank
- ♡ Kopfhörer
- ♡ Lesestoff
- ♡ Kaugummis / Gummibärchen (falls ihr fliegt, gegen den Druck auf den Ohren)
- ♡ Stifte / Zettel oder Blätter zum Malen
- ♡ Kartenspiel

Persönliche

REISE-PLAYLIST

Hier ist Platz für deine Reiseplaylist:

1.

2.

3.

4.

5.

6.

7.

8.

9.

10.

ZUM BEGINN DAS ENDE

Auch wenn wir nicht so gerne daran denken, haben alle Ferien ein Ende … ;-(Damit ihr frisch und fit in die Schulwochen starten könnt, hier einige Ideen, wie ihr euch in den letzten Ferientagen darauf vorbereiten könnt:

- **Stellt euren Rhythmus wieder um.** Versucht in den letzten Ferientagen immer ein bisschen zeitiger ins Bett zu gehen und auch früher aufzustehen. Das fällt besonders den **Eulen** unter euch schwerer und ist damit für diese besonders wichtig.

- **Kontrolliert den Schulranzen / Schulrucksack.** Macht eure Schulsachen fit, sortiert eure Hefte, Mappen und Stifte aus und räumt euren Rucksack sinnvoll ein. Wenn ihr ausführliche Tipps braucht, könnt ihr das in meinem **Survival Guide für die Schule** nachlesen.

- **Legt euch für die ersten Schultage eure Outfits zurecht.** Vielleicht habt ihr in den Ferien neue Sachen geshoppt? Denkt daran, sie zu waschen, dann könnt ihr sie gleich in der ersten Schulwoche tragen! Das ist ein supercooler Start ins neue Jahr. ;-)

- **Kontrolliert eventuelle Hausarbeiten oder Aufgaben, die ihr in den Ferien erledigen solltet.** Nicht dass ihr gleich zu Beginn Stress habt, weil ihr etwas vergessen habt.

Bucketlist

SOMMER

SOMMER! Yeahii!
Die längsten, besten,
coolsten Ferien
überhaupt!

01. Sternschnuppen zählen (Eule)

02. Am Lagerfeuer sitzen (Eule)

03. Picknick mit Freunden (Lerche)

04. Zimmer umdekorieren

05. Im Sommerregen tanzen

06. In einem See baden

07. Einen Handstand lernen

08. Einen Kräutergarten anlegen

09. Ein Buch lesen

10. Hula Hoop lernen

11. Open Air Kino

12. Sommer-Foto-Ferien-Challenge

13. Blumen pflücken

14. Eine Gartenparty veranstalten

15. Eis selbst machen

Hier ist Platz für
deine eigene
Sommer-Bucketlist:

SOMMERREZEPTE FÜR EIN SÜSSES PICKNICK MIT DEINEN FREUNDEN

Ein Sommer-Picknick vorzubereiten ist gar nicht schwer. Du musst die Leckereien leicht tragen können und sie sollten nicht zu viel Abfall produzieren. **Hier ein paar Ideen:**

- Gekochte Eier
- Eine Stange Weißbrot
- Salamisticks
- Käse-Cocktailtomaten-Spieße
- Wassermelone, in kleine Stücke geschnitten
- Beerenmix (Blaubeeren, Himbeeren, Erdbeeren – ganz nach deinem Geschmack!)
- Selbstgemachte dünne Pfannkuchen auskühlen lassen, mit Schokocreme bestreichen, zusammenrollen, in mundgerechte Stücke schneiden. Fertig ist dein süßer Snack.

Natürlich kannst du alles einpacken, was dir sonst noch schmeckt! Trauben, Kirschen, Nüsse, Chips, alles ist erlaubt!

Als **Durstlöscher** mixe dir einfach Sprudelwasser mit einem Schuss erfrischender Limettenlimonade zusammen.
Dazu gibt's ein paar Minzblätter und geschnittene Zitronen- oder Limettenscheiben. Supercoole Sache, selbstgemachte Limo. Geht auch in der Beerenvariante.

Hier noch mein BFF-Picknick-Video

SOMMERFERIEN-STYLES FÜR DEIN ZIMMER!

Keine Schule, keine Hausaufgaben, kein Lernstress! Zeit für ein Room-Make-Over! Hier ein paar stylische Ideen, wie du dein Zuhause sommerlich bunt gestaltest:

Wenn du Lust und Zeit und die Erlaubnis deiner Eltern hast, streiche doch einfach mal eine Wand in deiner Lieblingssommerfarbe! Das ist natürlich ein richtig krasses Make-Over, deswegen solltest du gut überlegen, welche Farbe dir gefällt, und in jedem Fall die Hilfe deiner Eltern in Anspruch nehmen.

Hast du keine Lust auf so eine riesige Veränderung, kannst du auch mit kleinen Dingen für einen neuen Look sorgen. **Such dir ein Sommer-Motto, dass dich begeistert.**

Hier meine liebsten Motive:

Dschungel

Tarzan und Jane lassen grüßen. ;-) Grün ist hier die vorherrschende Farbe. Es gibt superschöne, günstige Deko-Ideen, die mit dem Thema zu tun haben. Bilder, Fototapete, Pflanzen. Dazu passt alles, was goldfarben ist.

Falls ihr wissen wollt, wie das aussehen kann, hier das passende Video von mir. ;-)

Flamingo

Think Pink! Flamingo-Motto ist bunt, bunt, bunt! Alles, was mit den lustigen Vögeln zu tun hat, ist erlaubt. Bettwäsche, Kissen, Prints in Bilderrahmen – egal, was dir einfällt, es passt! Hauptsache, es steht auf einem Bein und ist rosa, haha! ;-)

Ananas

Frucht, Frucht, Frucht. Süß und gelb ist hier das Motto. Dekoriere dein Zimmer in der obstigen Variante mit allem, was du dazu finden kannst.

Du kannst Bilderrahmen bestücken und aufhängen, eine gelbe Schreibtischunterlage, lustige Kissen in Ananasform oder Lichterketten in leuchtenden Farben verwenden.

DIY-REGALE

Die Regale passen zu allen der zuvor genannten Motive, einfach mit den gewünschten Styles versehen.

Du brauchst:

- kleine Kisten oder stabile Kartons
- weiße Malerfarbe
- Fotokarton in der Farbe oder mit den Motiven eurer Wahl
- Kunstblumen, witzige Dekosachen in der Wahl eures Motives (kleine Dschungelblumen, Flamingos oder Ananas)
- Heißkleber

1. Lege den Boden der Kiste auf den Fotokarton und schneide das Stück passend aus.

2. Male die Kisten mit weißer Farbe an. **ACHTUNG!** Bitte vorher alte Klamotten anziehen!

3. Lege deinen Fotokarton in den Boden der Kiste und schneide, wenn nötig, die Ecken raus.

4. Klebe den Fotokarton am Boden fest.

5. Schneide dir nun deine Kunstblumen oder die gewählte Deko auf die gewünschte Länge und klemme oder klebe die Sachen an den Ecken der Kiste fest.

Fertig ist das Sommer-Regal!

Hier das Video dazu, dann kannst du dir das nochmal in Ruhe ansehen und dir mehr Ideen holen!
Viel Spaß damit!

MAVIES

LIEBLINGS-BESCHÄFTIGUNGEN IM SOMMER

Lange ausschlafen

Meerjungfrauenschwimmen

Abends lange draußen bleiben

Trampolin springen

Grillabend mit Familie und Freunden

Fahrradtour zur Eisdiele

Outdoor-Twister spielen

Nachbarshund für eine Spazierrunde ausleihen oder ihm lustige Kunststücke beibringen

Geocaching

Zum See fahren

Candy-Eis selber machen

DEINE LIEBLINGS-BESCHÄFTIGUNGEN IM SOMMER

BFF CHALLENGE!

Deine BFF ist im Urlaub, aber nicht mit dir? Hier eine tolle Idee, wie ihr trotzdem ganz nah zusammen seid:

Macht euch vor dem Urlaub eine tägliche Challenge. Zum Beispiel muss jede von jedem Tag, den ihr getrennt seid, ein bestimmtes Motiv als Foto festhalten. Das Motiv könnt ihr vorher vereinbaren. **Hier ein paar Ideen:**

Tag:	Foto-Idee:
1	Foto von einer tollen Blume.
2	Foto von einem besonderen Ort.
3	Foto von dir direkt nach dem Aufstehen.
4	Foto von einem leckeren Eis.
5	Foto von einer sportlichen Aktivität von dir.

6 Foto vom Sonnenuntergang oder Sonnenaufgang. Je nachdem, ob du eine **Eule** oder **Lerche** bist. ;-)

7 Foto von einem Tier (Käfer, Katze, Leguan, Papagei, Eidechse …).

8 Foto von dir, wie du eine Wassermelone isst.

9 Foto von dir in einem coolen Sommeroutfit.

10 Foto von dir mit einem Kussmund an deine BFF.

11 Foto von einem Kalender, in dem die Tage durchgestrichen sind, die ihr schon geschafft habt.

12 Foto von dir mit deiner coolsten Sonnenbrille.

13 Foto von dir, wie aufgeregt du bist, dass ihr euch bald wiederseht.

14 Foto von dir und deiner BFF!
Ihr seid wieder vereint! Yeahii!

Die Fotochallenge kannst du auch als Urlaubstagebuch für dich selbst machen. Drucke die Bilder aus, besorge dir kleine Wäscheklammern und ein Stück Kordel und hänge das Foto-Urlaubstagebuch über dein Bett.

Hier noch meine **BFF-Playlist**, vielleicht sind da noch mehr Ideen für euch dabei! ;-)

MAVIES SCHÖNSTE SOMMERURLAUBS-BILDER

Meine schönsten Sommer-urlaubsbilder

Noch mehr
Platz für
Bilder!
Yeahiii!

GARTENPARTY!

Partytime! Was gibt es schöneres, als im Sommer eine Gartenparty zu feiern? Hier eine Checkliste, falls du eine planst:

1. **Einladungen schreiben**

2. Das **Büffet planen** und sich einfache Rezepte raussuchen. Gerne kann jeder etwas mitbringen.

3. Frage deine Eltern, ob ihr unter Aufsicht ein **Lagerfeuer** machen dürft. In einer Feuerschale vielleicht? Dann könnt ihr Stockbrot und Marshmallows machen.

4. **Lampions** oder **Lichterketten** in den Bäumen aufhängen, falls es später wird.

5. Wenn es sehr heiß ist, den **Gartenschlauch** anschließen oder Wasserbomben füllen. Super Abkühlung! ;-)

6. **Falls die Party mit Übernachtung geplant ist:** Wie wäre es mit einer Nachtwanderung? Taschenlampen vorbereiten!

7. **Musik?** Ist der Nachbar einverstanden, wenn ihr eine kleine Box rausstellt und eure Lieblingsplaylist laufen lasst? Klärt das ab und schenkt ihm als Dankeschön eine Tafel Schokolade. ;-)

8 **Deko.** Kerzen in Einmachgläsern, Blumen, witzige Servietten, alles ist erlaubt. Tobt euch aus, in den Garten passt alles, was bunt ist!

Hier noch eine (Kopier-)vorlage für deine Einladungen:

EINLADUNG ZU MEINER GARTENPARTY!

Wer kommt? Du!

Wann geht's los? ________ Uhr

Wo findet es statt?

____

____

Was sollst du mitbringen?

____

____

So. Jetzt nur noch Sonnenschein und gute Laune und dann kann es losgehen! Viel Spaß euch!

Bucketlist

HERBST

Die Herbstferien müssen nicht grau und trist sein ;-)

01.
Einen Kürbis schnitzen

02.
Aus dem Kürbisfruchtfleisch eine leckere Suppe kochen

03.
Die schönsten Blätter sammeln und in einem dicken Buch mit Zeitungspapier pressen

04.
In einen Laubhaufen springen

05.
Kastanienmännchen basteln

06.
Einen Waldspaziergang machen

07.
Einen Drachen steigen lassen

08.
Eine Laterne basteln

09.
Duftkerzen anzünden

10.
Kuschelsocken anziehen und auf dem Sofa einen heißen Kakao trinken

Hier ist Platz für deine eigene Herbst-Bucketlist:

Es regnet draußen? Keine Sorge,
auch dafür gibt es genug coole Ideen!

Regen-Idee #1

HOME-WELLNESSTAG MIT DEINER BFF

Fragt eure Eltern, ob ihr euch das Badezimmer für ein paar Stunden ausleihen dürft. Natürlich sagt ihr gleich dazu, dass ihr danach alles wieder aufräumt. ;-)
Und schon kann's losgehen!

Selfmade-Herbst-Gesichtsmasken

Die Apfelmaske: für trockene und gespannte Haut

Ihr braucht:

- 1x Apfel
- 2x EL Honig
- 1x EL Quark oder Joghurt

Und so geht's:
Schneidet zuerst den Apfel in dünne Scheiben und stellt ihn beiseite. Vermischt dann den Quark oder Joghurt mit dem Honig. Tragt die Paste im Gesicht auf und legt die Apfelscheiben darüber. Nun könnt ihr 15 Minuten lang entspannen und danach das Ganze mit warmem Wasser abwaschen.

Die Mandel-Gesichtsmaske: feuchtigkeitsspendend und für jeden Hauttyp geeignet

Ihr braucht:

1x Handvoll Mandeln
1/2x Gurke
1x TL Honig
1x TL Joghurt

Und so geht's:
Alle Zutaten im Mixer zu einer glatten Creme verrühren. Die Masse auf das nasse Gesicht auftragen und trocknen lassen. Danach gründlich abwaschen.

Ihr wollt glänzende Haare? Gar kein Problem!

Wascht euch die Haare und massiert anschließend eine gute Portion eurer liebsten Pflegekur ein. Schlingt ein Handtuch darum und lasst die Kur eine halbe Stunde lang einwirken. In der Zeit könnt ihr andere tolle Sachen ausprobieren. ;-)

Weiche und gepflegte Lippen

Tragt einfach eine dicke Schicht Honig auf eure Lippen auf und lasst diese so lange wie möglich einwirken.

Extra-Tipp: Wenn ihr die Lippen vor dem Auftragen des Honigs sanft mit einer Zahnbürste massiert, werden sie besonders weich. ;-)

Strahlende Augen

Lasst zwei Teebeutel mit schwarzem Tee in kochendem Wasser zwei Minuten ziehen; drückt sie leicht aus und legt sie, wenn sie etwas abgekühlt sind, auf die Augen. Nach ca. sieben Minuten wascht die Reste um die Augen mit Wasser ab.

Hände zart wie Zuckerwatte

Cremt eure Hände mit Handcreme ein und streift für 15 Minuten ein paar Einweghandschuhe über. So kann die Handcreme super gut einziehen und durch die Wärme ihre Wirkung entfalten.

Wenn ihr am Ende eures Wellnesstages angekommen seid, könnt ihr euch noch gegenseitig die Fingernägel lackieren.

Der Wellnesstag ist auch eine super Idee, wenn alle deine Freunde in den Urlaub gefahren sind. Sich selbst einfach mal etwas Gutes zu tun, vergisst man sonst oft genug. ;-)

Regen-Idee #2

EINEN KUCHEN BACKEN

Hört sich aufwendiger an, als es ist. ;-) Hier ein ganz einfaches Rezept für einen schokoladigen Schokoladenkuchen. Der schmeckt jedem!

Du brauchst:

300 g	Mehl	250 g	Butter
200 g	Schokolade, Blockschokolade, gerieben	125 ml	Milch
		1 Pck.	Backpulver
		1 Pck.	Vanillezucker
180 g	Zucker	4 x	Eier

Und so geht's:
Einfach alles in eine Rührschüssel geben und zu einem Teig verrühren. Den Teig in eine Springform füllen und dann bei 180 Grad für 60 Minuten ab in den Ofen.

Fertig ist der Schokotraum!
Solltet ihr darauf keine Lust haben, könnt ihr euch auch einfach eine leckere Backmischung kaufen. Supereasy, superlecker, superschnell. ;-) Wetten, dass diese Regen-Idee alle Familienmitglieder erfreut, hahaha. ;-)

Hier ein Video, in dem ich einen Riesendonut backe. ;-)

Regen-Idee #3
MAKE MONEY

Du brauchst dringend ein paar Extragroschen, weil du ein superschönes Outfit entdeckt hast, aber dein Taschengeld schon aufgebraucht ist? Hier kommt meine rettende Idee:

Überlege dir kleine Arbeiten im Haushalt, schreibe sie auf bunt bemalte oder verzierte Zettel und setze einen Preis darunter. Dann legst du sie in einen Korb oder bastelst dir eine Pinnwand. So können sich deine Eltern eine Arbeit heraussuchen, die du gegen ein kleines Taschengeld erledigst. Die Langeweile am Regentag geht flöten, du verdienst Geld und hilfst auch noch mit. **Besser geht's wohl kaum! ;-)**

Regen-Idee #4
EIN NEUES SPIEL LERNEN

Gib einfach bei Google z.B. ein **Kartenspiel** ein, das du schon immer lernen wolltest.

Macht superviel Spaß und fördert deine Konzentration.

Regen-Idee #5

GEBURTSTAGS-WUNSCHLISTE

Egal, ob du bald **Geburtstag** hast oder nicht, denn **Wünsche** hat man immer und der nächste Geburtstag kommt bestimmt! Schreibe sie auf, dann vergisst du sie nicht, wenn du kurz vor deinem großen Tag gefragt wirst.

Regen-Idee #6

HALLOWEEN-MAKE-UP AUSPROBIEREN

Sucht euch einfach Vorlagen auf Instagram oder Pinterest und bemalt euch, was das Zeug hält. Ich mag richtig gruslige Narben. ;-) Das ist mega witzig und so wisst ihr gleich, wieviel Zeit ihr tatsächlich an Halloween für euer **Horror-Outfit** einplanen müsst! Trick or Treat!

Hier nochmal der Link zu meinen **Ideen-gegen-Langeweile-Video.** Da ist noch einiges mehr dabei.

BULLET JOURNAL

Habt ihr schon einmal ein Bullet Journal gesehen?

Ein Bullet Journal ist eine gute Methode, um To-Do-Listen, Geburtstagslisten und andere Notizen in Form zu bringen. Ich finde Bullet Journals mega schön und sie sind ein super Zeitvertreib für die Ferien. Gestalte deines entweder mit deiner BFF oder auch ohne sie, wenn sie vielleicht im Urlaub ist.

In deinem ganz eigenen Bullet Journal darfst du alles benutzen, was dir gefällt: Bunte Sticker, tolle Zeichnungen, Glitzer, Washi-Tape, und und und. Die Möglichkeiten sind unbegrenzt!

Hier ein paar schicke Vorschläge, womit du dein ganz persönliches Bullet Journal füllen kannst:

- Eine Seite mit deinen **Lieblings-Social-Media-Seiten**
- **Moodplaylisten erstellen:** Happy, sad, funny, Party, Konzentration
- Eine Seite mit **Geburtstagsdaten**, für jeden Geburtstag einen farbigen Luftballon
- **Weltkarte** aufzeichnen und markieren, wo man schon war und wo man noch hinwill
- Eine Seite mit deinen **Lieblingssprüchen**

Auf Pinterest und Instagram findest du noch viele weitere Vorlagen, die supereasy und echt superschön sind.

HALLOWEEN-VERRÜCKTHEITS-TAG

Eine echt coole Grusel-BFF-Challenge, die auch geht, wenn ihr die Ferien getrennt verbringt:

- Einen Tag ohne Handy verbringen
- Verkehrt herum im Bett schlafen
- Den ganzen Tag lang die Wahrheit sagen
- Ein Outfit anziehen, das überhaupt nicht zusammenpasst und ein Foto davon machen
- Einen Kopfstand üben und die Welt aus einer anderen Perspektive betrachten
- Den ganzen Tag in orangefarbenen Klamotten herumlaufen
- Total crazy Lebensmittel kombinieren (Käse und Nutella, Salami und Marmelade, Erdnussbutter und Senf)

HAST DU DIESE FERIEN SCHON …

- Geocaching ausprobiert?
- Halloweenfilme geschaut?
- Den ganzen Tag im Bett verbracht?
- Ein Eichhörnchen gesehen?
- Sport gemacht?
- Dein Zimmer herbstlich dekoriert?
- Ein Duftbad genommen?

Bei einem Waldspaziergang dem knisternden Laub unter deinen Stiefeln zugehört?

Einen Herbststurm erlebt?

Dir Weihnachtsgeschenke für deine Liebsten überlegt?

Die schönsten Kastanien gesammelt?

S'mores gemacht?

Wenn ihr den Grill oder das Lagerfeuer dazu nicht anfeuern könnt, hier ein Rezept für den Ofen:

Bedeckt den Boden einer Auflaufform mit eurer Lieblingsschokolade, stapelt Marshmallows darüber und schiebt es bei 180 Grad ca. 10-15 Minuten in den Ofen. Schaut nach, wenn die Marshmallows goldbraun gefärbt sind, ist es fertig. Holt die Auflaufform vorsichtig heraus und dippt nun mit Butterkeksen in die Schoko-Marshmallow-Masse. Schmeckt superlecker und supersüß!

Hier noch das Video zu meiner BFF Übernachtung. Da haben wir unter anderem S'mores gemacht!

Deine liebsten

FERIENBÜCHER

Hier ist Platz für deine Lieblingsbücher in den Ferien:

1.

2.

3.

4.

5.

6.

7.

8.

9.

10.

Deine liebsten

FILME & SERIEN

Bucketlist

WINTER

Yeahiii,
der zuckersüße
Winter ist da! ;-)

01\. Einen Schneeengel machen

02\. Ein Wintergedicht auswendig lernen

03\. Plätzchenteig essen

04\. Plätzchen backen

05\. Schlittschuhlaufen gehen

06\. Ein Iglu bauen

07\. Ein 500-Teile-Puzzle puzzeln

08\. Über den Weihnachtsmarkt schlendern

09\. Im Bett frühstücken

10\. Schneeflocken mit der Zunge fangen

11\. Ein Windlicht basteln

12\. Lebkuchenhaus-Challenge mit deiner BFF

Hier ist Platz für deine eigene Winter-Bucketlist:

Hey-Ho, das Jahr geht zu Ende!
Und die wichtigste Party des Jahres steht an!

SILVESTER!

Egal, ob du das Jahresende mit deiner Familie oder mit deinen besten Freunden verbringst, die Zeit, bis die Raketen knallen, kann lang werden ...

Deshalb habe ich hier ein paar coole Ideen gesammelt, die euch die Stunden verkürzen!

Silvesterpartyideen

Schrottwichteln: (Das aber bitte nicht mit den Menschen spielen, die dir das unerwünschte Geschenk gemacht haben! ;-))

Seien wir mal ehrlich ... wir bekommen doch alle ab und zu mal ein Geschenk, das einfach nicht zu uns passt. Das muss aber nicht bedeuten, dass es nicht jemand anderem gefällt. Beim Schrottwichteln kannst du es loswerden und zusätzlich einem deiner Mitspieler eine Freude machen! Das ist doch eine super Kombi, oder? Ihr könnt ja ein paar Tage vor eurer Silvesterparty Lose ziehen, wer wen beschenken darf.

Wachsgießen (ist umweltschonender und weniger gefährlich als Bleigießen)

Die Highlights des Jahres
Bei diesem Partyspiel für Silvester könnt ihr euch über die interessantesten Dinge des letzten Jahres austauschen.

Stellt in die Mitte des Tisches eine Schale mit Zetteln. Auf den Zetteln stehen Dinge wie zum

Beispiel:

- Der Moment, der mich dieses Jahr besonders zum Lachen gebracht hat
- Die wichtigste Erkenntnis für mich in diesem Jahr
- Die nervigste TV-Reality-Show
- Der tollste Film/die beste Serie
- Der schlimmste Song
- Das schönste Ereignis in diesem Jahr

Einer zieht immer einen Zettel und verrät seine Antwort. Die anderen können dann reihum widersprechen oder ihre eigenen Geschichten erzählen. Natürlich könnt ihr euch auch selbst Aufgaben ausdenken.

Countdown-Luftballons mit Konfetti

(Fragt eure Eltern vorher, ob Konfetti okay ist. Und versprecht, dass ihr danach staubsaugt. ;-)

Füllt die Luftballons mit Konfetti, blast sie auf und knotet sie zu. Hängt die Ballons an ein Band oder irgendwo im Raum auf und beschriftet sie mit der Uhrzeit jeder vollen Stunde bis 00:00 Uhr. Jetzt könnt ihr zu jeder Stunde einen Ballon zum Platzen bringen.

Alternativ könnt ihr die Ballons auch mit kleinen Süßigkeiten befüllen, die ihr dann natürlich auf-futtert. ;-)

Und hier findet ihr noch Tipps für eine coole Silvester-Frisur ;-)

WINTERBLUES ADE! ;-)

Gerade, wenn es draußen früh dunkel wird und es nass und kalt ist, geht die Laune schnell in den Keller. Ich habe eine Spitzenidee gegen den Winter-Blues! Macht euch einfach eine **Happy-Day-Challenge**!

Das hier ist meine Happy-Day-Challenge für die Winterferien:

Tag:	Challenge-Idee:
1	Frag deine Mama nach einer lustigen Geschichte aus der Zeit, als du klein warst.
2	Mach dir selbst oder jemand anderem ein Kompliment.
3	Mach ein total komisches Selfie mit einer schiefen Grimasse.
4	Schreibe fünf Dinge auf, die du an dir besonders magst.
5	Mach einen langen Spaziergang.
6	Stelle dir ein Frühjahrsoutfit zusammen.

7 Erzähle jedem, dem du begegnest, einen Flachwitz.

8 Schaue deinen Lieblingsfilm.

9 Male ein superbuntes Bild auf eine Leinwand.

10 Tanze total crazy zu deinem Lieblingssong.

11 Schreibe fünf deiner besten Eigenschaften auf.

12 Schenke dir selbst Blumen.

13 Mache fünfzehn Minuten Sport, egal welcher Art.

14 Lächle dich selbst im Spiegel an.

Deine eigene Happy-Day-Challenge gegen den Winterblues:

WINTER-WONDERLAND

Dekoriere dein Zimmer zur gemütlichen Winterhöhle um.

Oft reichen schon ein paar kuschelige Kissenbezüge, Kerzen oder eine Lichterkette.

Wenn du mehr tun willst, kannst du auch eine Wand streichen oder für dich selbst ein bisschen Deko basteln, zum Beispiel kleine oder große Weihnachtssterne. Die sehen wunderschön aus und du kannst sie jedes Jahr wiederverwenden.

Du brauchst:

- Heißklebepistole
- Bastel-Holzstäbchen
- Sprühfarbe deiner Wahl (ich habe mich für Rot und Gold entschieden)

Google zuerst nach Sternvorlagen, die dir gefallen. Klebe dann die Holzstäbchen an den Enden zu dem Muster zusammen, das du dir herausgesucht hast. Wenn der Kleber getrocknet ist, trage deinen Stern vorsichtig nach draußen. Lege einen Karton unter den Stern und besprühe ihn mit der Farbe, die du dir ausgesucht hast. Lass ihn über Nacht trocknen und fertig ist die DIY-Winter-Deko!

Das ist auch ein super Zeitvertreib, wenn alle deine Freunde die Ferien im Urlaub weit weg von dir verbringen!

Hier das Video, da könnt ihr alles noch einmal in Ruhe anschauen.

AUF EINER SKALA VON 1-10 ;-)

Wie gut kannst du:

1. Schlittschuhlaufen?
   1 ○ ○ ○ ○ ○ ○ ○ ○ ○ ○ 10
2. Weihnachtslieder singen?
   1 ○ ○ ○ ○ ○ ○ ○ ○ ○ ○ 10
3. den Weihnachtsbaum schmücken
   1 ○ ○ ○ ○ ○ ○ ○ ○ ○ ○ 10
4. einen Schneemann bauen?
   1 ○ ○ ○ ○ ○ ○ ○ ○ ○ ○ 10
5. das Haus vom Nikolaus zeichnen?
   1 ○ ○ ○ ○ ○ ○ ○ ○ ○ ○ 10
6. Kreuzworträtsel lösen?
   1 ○ ○ ○ ○ ○ ○ ○ ○ ○ ○ 10
7. einen Handstand machen?
   1 ○ ○ ○ ○ ○ ○ ○ ○ ○ ○ 10
8. Ordnung halten?
   1 ○ ○ ○ ○ ○ ○ ○ ○ ○ ○ 10

9 einen Kuschelschal stricken?

1 ○ ○ ○ ○ ○ ○ ○ ○ ○ ○ ○ 10

10 winterliche Tik-Toks aufnehmen?

1 ○ ○ ○ ○ ○ ○ ○ ○ ○ ○ ○ 10

1 ○ ○ ○ ○ ○ ○ ○ ○ ○ ○ ○ 10

11 dir selbst eine Mützenfrisur machen?

WINTER-GESCHICHTE DIY

Du brauchst noch ein ganz besonderes Weihnachtsgeschenk und dir fällt nichts ein? Schreibe doch einfach mal deine eigene Geschichte und verschenke sie an den Menschen, der darin auch eine Rolle spielt. Damit es etwas einfacher geht, benutze, wenn du möchtest, diese **Vorschläge** und **Begriffe**:

Story #1

Den Namen deiner BFF, der Ort und die Straße, in der sie wohnt.

Außerdem: Schneeeinhorn, Mond, knorriger Zauberstab, magische Eiskristalle, Polarlicht, Gefahr, Wald, Feuerwerk

Story #2

Deinen Namen und den Namen deiner Eltern und eure Adresse.

Außerdem: Kerzenschein, Punsch, Kaminfeuer, Rentiere, verschwundene Geschenke, Aufregung, Brunnenschacht, Zauberschnee

Du kannst die Geschichte in ein kleines Büchlein schreiben und es verzieren. Das macht mega viel Spaß und ist ein echt individuelles Geschenk! Ganz viel Spaß mit deiner Phantasie!

Notiere hier deine ersten Ideen:

Bucketlist

FRÜHLING

Endlich wird es wieder wärmer ;-)

01.
Kleiderschrank ausmisten

02.
Ostereier färben

03.
Fahrradtour machen

04.
Blumenstrauß pflücken

05.
Muttertagsgeschenk basteln

06.
Einen Flohmarkt besuchen

07.
Das erste Mal draußen essen

08.
Smoothies selbst machen

09.
Einen Regenbogen finden

10.
Dem Vogelgezwitscher lauschen

Hier ist Platz für deine eigene Frühlings-Bucketlist:

FRÜHJAHRS-PUTZ!

Der Winter ist vorbei, die Sonne scheint in jeden Winkel eures Zimmers. **Zeit für einen Frühjahrsputz!** Das macht keinen Spaß? Das denkt ihr. ;-)

Hier kommt meine Idee, wie selbst ein Frühjahrsputz witzig sein kann:

Tauscht einfach das Zimmer mit eurer BFF! Ihr sorgt für Ordnung und Frühlingsgefühle in ihrem Zimmer und sie umgekehrt in eurem.

Vielleicht überlegt ihr euch schon vorher eine besondere Dekoration, die ihr eurer BFF als Überraschung in das aufgeräumte Zimmer stellt. Das können coole Fotos von euch beiden sein, die ihr ausdruckt und in einen süßen Rahmen steckt. Oder frische, selbstgepflückte Blumen.

Oder eine kleine Pflanze, der ihr auf einem Schildchen einen Namen gebt und die eure BFF dann hegen und pflegen darf.

Ihr könnt auch etwas aus eurem Zimmer nehmen, dass ihr ihr schenkt. Ein Kuscheltier, ein Kissen, irgendetwas, das sie an euch erinnert.

Und ruck, zuck ist so ein Frühjahrsputz eine echt tolle Sache mit Überraschungseffekt!

Falls ihr sehen wollt, wie ich das mache, hier meine Videos dazu:

Apropos Frühjahrsputz ...

Den Kleiderschrank nach einem kalten Winter auszumisten, vertreibt auch noch den letzten Rest Winterblues. Eine super Idee ist es, schon gleich ganze Outfits mit den Klamotten zusammenzustellen, die ihr nicht mehr anziehen könnt. (Vielleicht, weil sie euch nächsten Winter zu klein sind oder ihr sie einfach vom Style her nicht mehr mögt.)

Legt das komplette Outfit auf den Boden oder auf euer Bett und macht ein cooles Mode-Foto. Das Bild stellt ihr dann bei Ebay oder auf einer anderen Plattform ein und verkauft es. So stockt ihr euer Taschengeld auf!
Ihr könnt die Kleidung natürlich auch spenden. Oder mit eurer BFF selbst einen Flohmarkt veranstalten. Das ist richtig witzig!

Hier auch noch mal ein Video von mir, wie ich meinen Kleiderschrank ausmiste:

DAMIT DU NICHT VERGISST, WIE EINZIGARTIG DU BIST!

Male die Herzchen davor aus.
Je nachdem, wie viel davon in dir steckt.

Und keine falsche Bescheidenheit!
Sich selbst zu mögen, ist super wichtig!

ICH BIN:

- Klug
- Lustig
- Hilfsbereit
- Freundlich
- Schüchtern
- Künstlerisch begabt
- Selbstbewusst
- Sportlich
- Musikalisch
- Eine Leseratte
- Ehrlich
- Optimistisch

UND DAS NEHME ICH MIR FÜR MICH NOCH VOR:

- Mehr für mich einzustehen
- Mich so zu mögen, wie ich bin
- Öfter am Tag zu lachen
- Um Hilfe zu bitten, wenn es mir schlecht geht
- Für meine Freunde da zu sein
- Nicht immer perfekt sein zu müssen

für die Osterferien

STIMMUNGS-BAROMETER

Markiere auf den folgenden Seiten das passende Stimmungs-Icon und schreibe auf, was du Tolles in den Ferien gemacht hast. Du kannst die Seiten auch als Kopiervorlage nutzen und in allen deinen Ferien wiederholen. ;-)

Hier ein Beispiel von mir:

Tag #5

Wie ist meine Stimmung?

Was habe ich heute Cooles gemacht?

lange geschlafen und lecker gefrühstückt
Oster-Deko gebastelt und Zimmer osterlich gestaltet
Film mit meiner BFF geschaut

Warum fühle ich mich, wie ich mich fühle?

Fühl mich richtig erholt und hatte viel Spaß beim Basteln ;-)

Tag #1

Wie ist meine Stimmung?

Was habe ich heute Cooles gemacht?

Warum fühle ich mich, wie ich mich fühle?

Tag #2

Wie ist meine Stimmung?

Was habe ich heute Cooles gemacht?

Warum fühle ich mich, wie ich mich fühle?

Tag #3

Wie ist meine Stimmung?

Was habe ich heute Cooles gemacht?

Warum fühle ich mich, wie ich mich fühle?

Tag #4

Wie ist meine Stimmung?

Was habe ich heute Cooles gemacht?

Warum fühle ich mich, wie ich mich fühle?

Tag #5

Wie ist meine Stimmung?

Was habe ich heute Cooles gemacht?

Warum fühle ich mich, wie ich mich fühle?

Tag #6

Wie ist meine Stimmung?

Was habe ich heute Cooles gemacht?

Warum fühle ich mich, wie ich mich fühle?

Tag #7

Wie ist meine Stimmung?

Was habe ich heute Cooles gemacht?

Warum fühle ich mich, wie ich mich fühle?

Tag #8

Wie ist meine Stimmung?

Was habe ich heute Cooles gemacht?

Warum fühle ich mich, wie ich mich fühle?

Tag #9

Wie ist meine Stimmung?

Was habe ich heute Cooles gemacht?

Warum fühle ich mich, wie ich mich fühle?

Tag #10

Wie ist meine Stimmung?

Was habe ich heute Cooles gemacht?

Warum fühle ich mich, wie ich mich fühle?

Tag #11

Wie ist meine Stimmung?

Was habe ich heute Cooles gemacht?

Warum fühle ich mich, wie ich mich fühle?

Tag #12

Wie ist meine Stimmung?

Was habe ich heute Cooles gemacht?

Warum fühle ich mich, wie ich mich fühle?

Tag #......

Wie ist meine Stimmung?

Was habe ich heute Cooles gemacht?

Warum fühle ich mich, wie ich mich fühle?

Tag #......

Wie ist meine Stimmung?

Was habe ich heute Cooles gemacht?

Warum fühle ich mich, wie ich mich fühle?

Tag #......

Wie ist meine Stimmung?

Was habe ich heute Cooles gemacht?

Warum fühle ich mich, wie ich mich fühle?

Tag #......

Wie ist meine Stimmung?

Was habe ich heute Cooles gemacht?

Warum fühle ich mich, wie ich mich fühle?

Frühlingsgefühle mit Smoothie-Bowls

Smoothie-Bowls sehen supercool aus,
sind mega gesund und total einfach zu machen!
Mit ihren Farben passen sie perfekt in den Frühling!

Vorabtipp:
Du kannst die Früchte nach dem Kauf direkt kleinschneiden und einfrieren. Dann hast du alles parat, wenn du Lust auf eine Smoothie-Bowl hast.

Hier drei Rezepte:

Pastellrosa Smoothie-Bowl

3x gefrorene Bananen

1 Pck. gefrorene Himbeeren

für die tolle Farbe ein bisschen Rote-Beete-Saft. Klingt komisch, schmeckt lecker!

Pastellgelbe Smoothie-Bowl

4x gefrorene Mango

1x je nach Geschmack Banane, Ananas, Orange dazu. Alles, was eben gelb ist ;-)

Topping: Himbeeren, Bananenscheiben, Haferflocken, Nüsse deiner Wahl

Pastelllila Smoothie-Bowl

3x gefrorene Bananen

1x Becher Blaubeeren

Topping: Blaubeeren, Müsli, Bananen

Und so geht's:
Alle Zutaten in den Mixer, bis die Masse schön cremig ist. Fülle die Smoothie-Masse in eine geeignete Schüssel und garniere sie mit den Früchten deiner Wahl. ;-)

PIMP YOUR BIKE

Leute, fahrt ihr auch so gerne Fahrrad wie ich?
Der Frühling ist die perfekte Jahreszeit dafür! Nicht so heiß wie im Sommer, nicht so kalt wie im Winter. ;-)
Also ab in die Garage und los geht's mit **Pimp your Bike**!

First of all: Putzen. Ein dreckiges Rad sieht auch mit den schönsten Goodies nicht gut aus.

Speichenclips! Schau einfach im Internet, welche dir gefallen. Es gibt alles. Blümchen, Sterne, Vögel, Früchte ...

Eine lustige Klingel! Da gibt es ebenfalls alles, was dein Herz begehrt. Von Emojis über Herzen, Tiere, Muster ... die coolen Styles sind endlos!

Ein Sattelbezug, passend zu der Farbe deines Rads. Oder deiner Klingel. Oder deinen Speichenclips. ;-)

Hast du schon mal einen Fahrradkorb benutzt? Das ist das ultimative Accessoire!

Entweder du hängst ihn an den Lenker oder du schnallst ihn auf den Gepäckträger. Sieht beides klasse aus! Und wenn du mal nichts transportieren musst, legst du frische Blumen hinein. **Und dann ... ab zur Eisdiele! ;-)**

SO, LEUTE!

Ich hoffe, mein Ferienguide bringt euch gut durch die schönste Zeit der Schule (nämlich die Ferien, hahaha) und ihr habt viele Tipps und Anregungen mitnehmen können!

Mir jedenfalls hat es riesigen Spaß gemacht und ich freue mich, dass ihr dabei wart.

Tschüßiii,
eure Mavie!

Florida
SUMMER VIBES

MEINE NOTIZEN

DEIN PERSÖNLICHER WOCHENPLANER

Du kannst dein Bullet Journal mit vielen tollen Kästen und Bannern verzieren. Hier findest du ein Beispiel für eine Wochenübersicht. Die kannst du auch super für deine Foto-Challenge mit deiner BFF nutzen! ;-)

IDEEN WEIHNACHTS-GESCHENKE

Für: Geschenk-Idee:

WEIHNACHTS-WUNSCHLISTE

1 ______________________

2 ______________________

3 ______________________

4 ______________________

5 ______________________

6 ______________________

Für: ....

Für: ....

Für: ....

Für: ....

Für: ....

Für: ....

Für: ....

Für: ....

WEIHNACHTS-WUNSCHLISTE

Marie
Marie
Marie
Marie
Marie
Marie
Marie
Marie

WEIHNACHTS-SHOOTING!

oh, là, là!

Foto-Session! ;-)
Sammle hier ein paar deiner Lieblingsweihnachtsmomente oder -selfies!

Zum Ausmalen ;-)

Für den
Zeitvertreib
;-)

INHALT

Hier nochmal alle Themen im Überblick, damit du auch schnell die gewünschte Seite wiederfinden kannst ;-)

Hey Leute! Wenn ihr noch mehr Tipps haben wollt, dann hätte ich da eine Idee für euch ;-)

So gelingt dir alles in der Schule!

Ein neues Schuljahr bedeutet neue Herausforderungen: eine neue Klasse, andere Mitschüler, andere Lehrer, vielleicht sogar eine neue Schule. Youtube-Star Mavie Noelle gibt dir die besten Tipps, wie du all das schaffst, ohne dich unnötig zu stressen.

Seien es die Montags-Überlebensstrategie, Checklisten fürs Outfit oder Ideen für kleine Streiche, die den Schulalltag lustiger machen – Mavie führt dich mit diesem Survival Guide durch das ganze Schuljahr.

Und ihre Geheimtipps für Halloween, jede Menge DIYs und Mitmachseiten lassen garantiert keine Langeweile aufkommen. Schließlich ist Schule nicht alles.

MAVIE
NOELLE
LIKE
DEIN
SURVIVAL
GUIDE
FÜR DIE
SCHULE

Mavie

Mavie
Mavie
M.